이야기대화식 책별 성경연구 » 신약

SERIES

이대희 지음 | 바이블미션 편

사도행전 2

(사도행전 13~18장)

KB205873

엔크리스토
ENCHRISTO

그리스도인이라면 누구나 한 가지 소망이 있습니다. 그것은 성경 66권을 공부하는 일입니다. 이 일이 쉽지는 않지만 누구나 한 번쯤 도전하고 싶을 것입니다.

성경을 공부하는 방법으로는 보통 주제별, 제목별, 개관별 등의 방법이 있지만, 성경공부의 진수를 맛보려면 책별 성경공부 이상 좋은 것이 없습니다. 새롭게 편성하여 주제를 맞추어 공부하는 것보다는 성경 자체를 가감 없이 공부하는 것이 더욱 필요합니다.

이런 의도에서 필자는 엔크리스토 성경대학을 통하여 수강생들과 같이 수년 동안 책별로 매년 한 권씩 연구해 나가고 있습니다. '이야기대화식 책별 성경연구 시리즈' 는 그동안 성경대학에서 워크숍을 통해 함께 연구한 것을 토대로 다시 정리하고 펴낸 시리즈입니다. 탁상에서 집필한 것을 현장에서 사용함으로써 피드백을 거친 정통한 시리즈입니다. 어려운 작업이지만, 성경 66권 모두를 연구하고 펴낼 수 있기를 기도합니다.

성경을 공부하는 것은 영적 성장에 있어서 대단히 중요한 일입니다. 설교를 듣는 것으로는 영적 성장에 한계가 있습니다. 신앙의 홀로서기를 위해서는 개인적인 성경연구와 소그룹을 통한 성경공부가 필수입니다. 어느 한쪽으로 치우치지 않고 균형잡힌 신앙, 즉 하나님이 원하시는 온전한 신앙으로 자라기 위해서는 성경 자체를 공부해야 합니다.

그동안 한국 교회에서는 주로 강해설교를 통해 성경공부를 했습니다. 그러나 이제는 한 걸음 더 나아가 성도들이 그룹으로 성경 본문 자체를 연구하면서 스스로 성경을 보는 눈을 키워야 합니다. 이를 위해선 누구나 여행하는 마음으로 성경 속으로 들어가 공부할 수 있는 책별 성경공부가 필요하다는 생각이 들었습니다. 그래서 한국 상황에 맞는 이 시리즈가 탄생하게 되었습니다.

성경을 점점 더 멀리하는 이 시대이지만 주님께서는 성경을 통해 믿음이 다음 세대까지 전수되고 말씀을 통해 주님의 제자가 세워지기를 간절히 원하십니다. 저 또한 이야기대화식 성경연구 시리즈가 말씀을 회복하는 일에 쓰이기를 원합니다. 본 교재를 통해 성경의 참맛을 느끼고 말씀의 재미를 경험한다면 이보다 더 의미 있는 일은 없을 것입니다.

그동안 많은 분들이 이야기대화식 성경연구 방법을 현장에 적용하면서 성경을 보는 눈이 열리고 말씀을 재미있게 보게 되었다고 고백하고 있습니다. 이 교재를 사용하는 분들에게도 같은 은혜가 있기를 기도합니다. 말씀을 나누는 각 교회 현장에서 성경이 살아나고 영혼이 살아나며 교회와 가정과 이웃과 민족이 생기를 얻는다면 이보다 더 좋은 일은 없을 것입니다.

말씀을 통한 새 역사를 꿈꿉니다. 또 말씀이 동력이 되어 교회와 개인의 신앙이 성장하기를 소원합니다. 우리의 모든 삶은 세상적인 경험이나 사조, 유행이 아닌 말씀에서 나와야 합니다. 모든 것의 근원인 말씀에서 삶과 프로그램이 나온다면 그것이야말로 말씀의 성육신을 이루는 삶이라 할 수 있습니다. 이야기대화식 책별 성경연구 시리즈가 말씀의 생활화를 이루는 초석이 되기를 기도합니다.

성서사람 · 성서교회 · 성서한국 · 성서나라가
이루어지는 그 날을 꿈꾸며
이 대 희

1 성경 전체 66권을 각 권별로 자유롭게 선택하여 사용할 수 있는 성경공부입니다.

2 드라마를 보며 여행을 하는 재미를 경험하는 내러티브 성경공부입니다.

3 모든 세대(중등부~장년부) 누구나 참여할 수 있는 총체적 성경공부입니다.

4 이야기와 대화를 사용하는 소그룹, 셀그룹, 구역 등에 적합한 성경공부입니다.

5 다양한 상황(성경강해, 기도회, 성경공부 모임)에 응용할 수 있는 성경공부입니다.

6 성경 전체를 체계적으로 연구할 수 있는 성경공부입니다.

7 장기적으로 신앙성장을 이루는 균형 잡힌 평생 양육 성경공부입니다.

8 귀납적 방법과 이야기대화식 방법을 조화시킨 한국 토양에 맞는 성경공부입니다.

9 말씀의 능력을 체험하면서 삶의 변화를 이루는 역동적 성경공부입니다.

10 성경 속으로 누구나 쉽게 다가서며 말씀의 깊이를 체험하는 성경공부입니다.

11 영적 상상력과 응용력을 키워주는 창의적 성경공부입니다.

차 례

1 책별 성경연구 시리즈는 연속극처럼 연결되는 맛이 있으므로 장면 장면이 서로 이어지게 하면서 하나의 이야기로 이끌어가도록 합니다.

2 어떤 사상이나 교리보다는 성경말씀 자체를 사랑하며 말씀이 나를 보도록 하고 오늘 나에게 주시는 음성을 듣는 데 초점을 맞춰야 합니다.

3 교재에 너무 의지하기보다는 교재에 나와 있는 질문을 중심으로 각자 새롭게 상황에 따라 창의적으로 만들어가면서 본문 말씀 안으로 들어가도록 합니다.(Tip은 먼저 보지 말고 이해되지 않을 때 참고)

4 성경을 연구하면서 점차 성경을 보는 눈과 능력을 배양하고 성경 안으로 깊이 들어가는 데 목표를 둡니다.

5 일방적인 강의보다는 소그룹에서 대화를 나누는 방식으로 그룹 활성화를 이루어 성경공부의 흥미를 유발합니다. (자세한 인도자 노하우는 《이야기대화식 성경연구(이대희 저, 엔크리스토 간)》를 참조)

6 성경책별의 유형을 잘 살펴서 그것에 맞는 특징을 살리면 더욱 성경공부가 흥미롭습니다.

7 책별 성경연구는 각 과가 장면 형태로 구성되어 있고 기존의 지식형 공부방법을 탈피하여 드라마나 영화장면을 보는 것처럼 입체적 상상력을 갖고 성경을 공부하는 방식입니다.

8 각 과가 진행될 때 해당하는 과를 모두 마쳐야 한다는 중압감을 벗고 상황에 따라 과를 두 번에 나누어 진행하는 등 성령의 인도에 따라 진행을 자유롭게 하는 것이 좋습니다.

그리스도인 이라면 누구나 갖는 한 가지 소망……
이 한 권에 담긴 이야기의 소망……

Narrative

사도행전 2

(사도행전 13~18장)

Narrative 사도행전 2

(사도행전 13~18장)

1. 배경과 개관

1) 저자

저자는 누가복음을 기록한 누가다. 누가는 나중에 드로아에서 바울과 함께 사역한 의사였다(행 16:8~10). 사도행전은 누가복음의 후편으로서 교회에 대해 기록한 글이다. 이스라엘을 시작으로 복음이 전파된 경로를 역사적인 기록을 통하여 우리에게 알려주고 있다. 사도행전은 확장된 하나님나라의 이야기다. 교회를 통하여 하나님나라를 건설하는 것을 생동감 있게 기록하고 있다. 특히 교회와 하나님나라를 건설하는 주체는 사람이나 조직이 아닌 성령의 역사였음을 말하고 있다. 이런 면에서 사도행전을 성령행전이라고도 한다. 사도행전의 기록 연대는 A.D 62년에서 2세기 중반으로 추정된다. 누가는 바울과 가까운 여행 동반자로서 바울의 사역을 더욱 상세하게 기록할 수 있었다.

2) 특징

① 설교를 중심으로 한 기록방식이다. 베드로의 설교(2:14~39, 3:11~26, 10:27~43)와 스데반의 설교(7:1~53)와 바울의 설교(13:16~47, 17:22~31, 20:17~35) 등이 설교를 중심으로 기록되었다. 이 설교들은 다양한 배경 속에서 그리스도의 복음이 어떻게 전파되는지 설명하고 있다. 그리스

도에 대한 이야기가 사도행전을 통해 계속 나타나고 있음을 의미한다.

② 사도행전에 나타나는 이야기의 중요한 전환점마다 성령께서 결정적 역할을 하고 있다. 이것은 저자 누가의 특별한 서술 방식이다. 전환점마다 성령의 역할이 강조되고 있는데 이는 그리스도께서 다시 오실 때까지 성령의 역사가 계속 이어짐을 의미한다.

③ 복음의 역동성과 확장성이다. 복음은 하나님의 능력이다. 하나님의 구원 행위는 유대인이나 이방인 모두에게 차별 없이 적용되고 어느 것으로도 방해받을 수 없는 특징을 지니고 있다. 복음을 만나면 누구든지 놀랍게 변화되고 지역과 대상을 넘어 복음의 확장이 이루어진다.

④ 복음의 반응에 대한 것이다. 사도행전을 통하여 복음이 전파되는 과정을 보면 언제나 두 종류의 사람이 등장한다. 하나는 복음을 받아들이는 사람이며 또 하나는 복음을 거부하는 사람이다. 이야기가 진행될수록 이방인은 복음을 잘 받아들이는 반면 유대인과 예루살렘 지도자들은 복음을 거부하고 교회를 배척하는 특징을 보이고 있다. 복음이 이방인에게도 퍼짐으로써 이스라엘이 시기나게 하는데, 이는 궁극적으로 이스라엘을 구원시킨다는 역설적인 연관성을 가지고 있다.

3) 주요등장 인물
• 베드로 : 예루살렘 지도자
• 빌립 : 유대와 사마리아 전도자
• 바울 : 이방세계 전도자

4) 사도행전과 누가복음의 관계

① 누가복음이 수직적 표현 방식이었다면 사도행전은 이방인 선교에 관심을 두고서 수평적 표현 방식을 택했다.

② 저자 누가는 자신의 복음서인 누가복음과 역사서인 사도행전을 1, 2부로 구성하고 있다. 사도행전을 읽을 때는 누가복음을 근거로 그것과 관련성을 가지고 연구해야 한다.

③ 누가복음은 유다에서 예루살렘으로 향하는 지리적인 순서를 적용하고 있지만 사도행전은 반대로 예루살렘에서 출발하여 유다의 다른 지역으로 확장되어 나가고 있다. 이것이 바울과 연결성을 가지면서 당시 제국의 중심부인 로마에게까지 확장되고 있다.

5) 사도행전의 내용 구조

1~2장(예루살렘)	8~12장(유대와 사마리아)	13~28장(땅 끝까지)
예루살렘	유대와 사마리아, 이방지역	안디옥이 중심지
베드로	베드로에서 바울로 옮겨짐	사도 바울
열두 사도 활약	열두 사도 퇴장	사도 바울이 부각
이스라엘을 향한 메시지	이방 지역을 향한 메시지	모든 사람을 향한 메시지
초대교회 태동과 성장	빌립의 복음 증거 사울의 회심 베드로의 복음 증거 초대교회 박해	예루살렘 공의회 1~3차 로마 전도여행

6) 지도

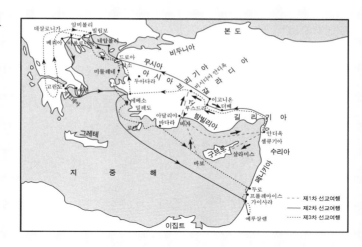

2. 이야기 사도행전 전체 구성

〉〉도입

예루살렘에서 시작된 복음 이야기(1:1~6:7)

• 성령의 오심으로 새로운 시대가 열림

• 예루살렘을 중심한 초대교회 성령 공동체

• 두 공동체 출현(헬라어를 사용하는 헬라파 유대 그리스도인과 아람어를 사용하는 예루살렘파 유대 그리스도인으로 복음 확장의 주역은 헬라파 유대 그리스도인들이다.)

〉〉전개1

유대와 사마리아로 확장되는 복음 이야기(6:8~9:31)

• 스데반의 설교와 순교

• 빌립을 통한 사마리아 복음 전파

• 이방인 선교의 핵심인물인 사울의 회심과 이방 지도자로의 부르심

〉〉전개2

이방인에게 전파되는 복음 이야기(9:32~12:24)
• 유대 지도자인 베드로와 이방인 고넬료의 만남
• 헬라파 유대인들에 의해 이방인 선교의 중심지인 안디옥교회 설립
(유대인과 이방인이 복음으로 연결됨)

〉〉갈등

아시아로 전파되는 복음 이야기(12:25~16:5)
• 안디옥교회가 새로운 선교 중심지로 부상
• 베드로가 퇴장하고 바울이 핵심적인 인물로 등장
• 복음전파는 유대교와 단절되는 결과를 가져옴
• 예루살렘 공의회를 통하여 이방인에게 율법에 얽매이지 않는 복음이
확증됨

〉〉절정

유럽으로 전파되는 복음 이야기(16:6~19:20)
• 바울의 2차, 3차 전도 여행
• 안디옥에서 출발하여 안디옥으로 돌아옴

〉〉대단원

로마에 전파되는 복음 이야기(19:21~28:30)
• 바울이 로마로 간 과정의 이야기
• 바울의 동족인 유대인에 대한 관심과 설교
• 난파를 통해 로마로 입성

SCENE 1

최초의 팀 선교사

(제1차 선교 여행)

| 성경 본문 | 사도행전 13:1~13

초대 교회의 지도자였던 베드로는 이제 무대에서 사라지고 13장부터는 바울이 등장하면서 이방 선교의 시대를 그리고 있습니다. 바울의 사역을 통하여 이방 지역에 교회가 계속 세워지게 됩니다. 본문은 바울의 1차 선교 여행을 소개합니다. 사도 바울을 주축으로 전도사역이 전개되는데, 무엇보다도 첫 이방인 교회인 안디옥 교회가 선교사를 파송하여 세계를 향한 복음 전파의 물고를 틀었다는 점이 중요합니다. 특히 바울과 바나바는 복음을 확장하는 데 결정적인 기여를 하게 됩니다.

1. 안디옥 교회에 있던 선지자들과 교사들의 이름을 말해 보십시오.(1)

_____

_____

2. 이들이 금식하고 기도하며 파송한 선교사는 누구입니까?(2~3)

_____

_____

3. 사울과 바나바가 성령의 보내심을 받아 복음을 전한 경로를 말해 보
십시오.(4~6)

_____

_____

4. 살라미에서 누가 복음 사역을 도왔습니까?(5)

_____

_____

5. 바보 섬에서 만난 사람은 누구입니까? 박수 총독 서기오 바울이 행
한 지혜로운 일은 무엇입니까?(7)

_____

_____

6. 총독이 개종하는 것을 막으려고 방해한 사람은 누구이며, 바울(최초로 바울의 이름이 나옴)은 그를 어떻게 책망하고 능력을 행했습니까?(8~11)

_____

_____

7. 총독은 어떻게 되었습니까?(12)

_____

_____

8. 바울과 동행했던 마가와 요한은 버가에 이르러서 어디로 갔습니까?(13)

_____

_____

1. 바울이 구브로(키프로스)에서 거짓 선지자 엘루마에게 행한 하나님의 표적과 영적 승리가 바울의 선교에 주는 영적 의미는 무엇입니까?

_____

_____

2. 바울과 바나바와 함께 동행했던 마가는 왜 갑자기 예루살렘으로 돌아갔습니까?(참고, 행 15:38; 딤후 4:11) 바울은 나중에 마가와 어떤 관계가 되었습니까? 실수와 사역(선교)의 관계에 대해 말해 보십시오.

_____

_____

3. 동사사역(팀 목회)과 하나님의 선교는 어떤 관계가 있습니까? 복음 사역에 있어서 왜 혼자보다 둘(팀)이 더 효과적입니까?

_____

_____

말씀의 실천

1. 오늘 깨달음과 도전을 주는 말씀은 무엇입니까?

_____

_____

2. 오늘 말씀을 통해 이번 주에 실천해야 할 사항은 무엇인지 삶의 적용을 위한 구체적인 실천계획과 함께 말해 보십시오.

_____

_____

3. 오늘 말씀을 통해 발견한 기도제목은 무엇입니까? 아울러 함께 기도의 시간을 가지십시오.

_____

_____

> 내가 깨달은 영적 교훈과 삶의 적용

_____

_____

_____

_____

SCENE 2

바울의 첫 설교

| 성경 본문 | 사도행전 13:14~41

본문은 바울이 회심한 이후에 설교한 내용이 기록되어 있습니다. 바울은 베드로(3:13~26)나 스데반이 행한 설교(7:2~53)와 마찬가지로 구약의 역사를 개관하면서 예수 그리스도가 다윗에게 약속된 메시아라는 사실을 설교하고 있습니다. 또한 예수님은 죽임을 당하고 다시 부활하여 승천하셨으니 그분을 믿고 회개하여 구원을 얻으라는 복음의 핵심 내용이 그 설교의 주를 이루고 있습니다. 특히 바울의 설교에서 돋보이는 것은 그리스도인은 오직 믿음으로 말미암아 산다는 이신득의(以信得義) 신앙의 원리입니다.

1. 버가에서 비시디아 안디옥에 이르러 안식일에 회당에 들어간 바울에게 회당장들이 성경을 낭독한 후에 무엇을 청했습니까?(14~15)

_____

_____

2. 바울의 설교 내용을 정리하며 요약해 보십시오.

1) 17~22절: 구약은 그리스도가 오심을 위한 준비다.

① 족장―아브라함―출애굽―광야생활―가나안―정복 · 사사시대―
　통일왕국 시대(사울, 다윗)

_____

② 구약의 모든 역사는 결국 무엇을 이루기 위한 것이었습니까?(22)

_____

2) 23~37절: 그리스도의 생애와 죽으심의 요약

① 세례 요한 예수―오심(구원의 말씀)―죽으심―부활 증인

② 결국 구약의 성취이며 구원의 말씀인 예수를 예루살렘에 사는 자들
　과 관원들이 어떻게 대했습니까?(27)

③ 사람들이 예수님을 죽일 죄를 찾지 못하자 빌라도에게 예수를 죽여
　달라고 했는데 이 말은 결국 무엇을 이룬 일입니까?(28~29)

_____

④ 바울은 지금 어떤 일을 하고 있습니까? 성경적으로 정리해 보십시오. (31~32)

_____

⑤ 바울은 복음을 전하면서 두 개의 구약성경을 증거로 드는데, 어떤 것인지 말해 보십시오. (33)

_____

* 33절―시편 2:7

_____

* 34절―이사야 55:3(거룩한 약속)

_____

* 35절―시편 16:10(부활하신 예수)

_____

* 47절―이사야 49:6

_____

3) 38~41절: 구원은 율법이 아닌 믿음으로 온다.
① 누구를 통해서만 죄 사함을 얻게 됩니까?(38)

_____

② 바울이 전하는 복음의 내용을 말해 보십시오. (39)

_____

③ 복음을 거절한 사람은 누구처럼 됩니까?(40~41)

_____

말씀의
깨달음

1. 바울이 설교한 내용 중에 특별히 발견되는 핵심 구절은 무엇인지 반복적인 낱말을 통하여 찾아보십시오(참고, 22, 27, 29, 33, 40). 이것이 우리에게 주는 교훈은 무엇입니까? 이 교훈을 우리가 설교나 복음 전도에서 어떻게 적용해야 합니까?

Tip 핵심구절은 "말씀을 이룬다. 말씀이 응한다"는 내용입니다. 바울의 설교는 철저히 성경에 근거한 것입니다. 예수님도 구약의 말씀이 응하는 의미에서 이 땅에 오셔서 복음을 전했음을 강조합니다. 우리도 모든 일을 말씀에 근거해서 해야 합니다. 그것을 성취하는 의미에서 삶을 살아야 합니다. 하나님의 사역은 나의 뜻이 아닌 하나님의 뜻을 이루는 일입니다. 말씀과 관계 없이 그냥 내 생각대로 하면 열심히 하고서도 무의미할 수 있습니다.

2. 바울은 약속과 성취의 관점에서 이방의 구원을 선포하고 있습니다. 바울의 설교를 통하여 성경의 핵심 내용을 간단하게 정리해 보십시오. 이것이 우리에게 주는 유익은 무엇입니까?

Tip 예수님은 "말씀이 육신이 되어" 이 세상에 오신 것입니다. 예수님은 곧 말씀입니다. 26절의 "구원의 말씀을 우리에게 보내셨거늘"이란 말씀은 이것을 정확하게 말하고 있는 부분입니다. 말씀을 통해서 그리스도가 드러나고 그리스도를 통해서 말씀이 새겨지게 하는 것이 사람을 구원하는 능력입니다.

말씀의
실천

1. 오늘 깨달음과 도전을 주는 말씀은 무엇입니까?

_____

_____

2. 오늘 말씀을 통해 이번 주에 실천해야 할 사항은 무엇인지 삶의 적용을 위한 구체적인 실천계획과 함께 말해 보십시오.

_____

_____

3. 오늘 말씀을 통해 발견한 기도제목은 무엇입니까? 아울러 함께 기도의 시간을 가지십시오.

_____

_____

 내가 깨달은 영적 교훈과 삶의 적용

- -

- -

- -

복음에 대한
두 가지 반응

| 성경 본문 | 사도행전 13:42~52

바울의 설교는 사람들에게 크게 두 가지 반응으로 나타납니다. 한 부류는 호의적인 사람들이고 한 부류는 시기하며 거부하는 사람들입니다. 비시디아 안디옥에서는 바리새인과 사두개인들이 득세하지 않았습니다. 유대교에 입교한 이방인들이 바울의 설교를 수용하기가 더 쉬웠을 것입니다. 그러나 선민적 특권을 가졌던 유대인들은 바울과 바나바를 핍박합니다. 이방인들이 바울의 설교를 호의적으로 받아들였다는 것은 이제 복음의 역사가 이방을 통해서 더욱 활발하게 나타날 것이라는 예고이기도 했습니다.

1. 회당에서 바울의 설교를 들은 사람들은 어떤 반응을 보였습니까?(42)

_____

_____

2. 설교를 마치자 어떤 일이 일어났습니까?(43)

_____

_____

3. 안식일에 사람들의 요청으로 바울이 다시 말씀을 전하게 되었는데, 그때 나타난 두 가지 모습을 말해 보십시오.(44~45)

_____

_____

4. 바울과 바나바가 시기하고 반박하는 유대인들을 향하여 담대히 전한 내용은 무엇입니까?(46)

_____

_____

5. 그 근거로 이사야 49:6 말씀을 인용하는데, 그 뜻을 다시 정리해 보십시오.(47)

_____

_____

6. 바울이 담대히 전한 복음을 들은 이방인들에게 어떤 일이 일어났습니까?(48)

_____

_____

7. 주의 말씀을 들은 사람들은 그 지방에 어떤 영향을 끼쳤습니까?(49)

_____

_____

8. 복음이 번져 나가자 유대인들은 어떻게 방해했습니까? 아울러 그런 상황에 대해 두 사람이 취한 태도는 무엇입니까?(50~52)

_____

_____

9. 복음을 받아들인 비시디아 안디옥의 성도(제자)들은 추방당한 바나바와 바울에 대해 어떻게 생각했습니까?(53)

_____

_____

말씀의
깨달음

1. 모인 사람들은 이전에 많은 설교를 들었을 것입니다. 그럼에도 불구하고 바울의 설교가 관심을 크게 불러일으키고, 바울이 다음 안식일에도 또다시 설교를 요청받은 이유는 무엇입니까?

_____

_____

Tip 성경에 근거한 바울의 설교는 다른 사람의 설교와는 차원이 달랐습니다. 말씀에 근거한 설교에 무엇보다도 그리스도에 대한 내용이 명확했습니다. 즉 복음의 내용이 분명했기에 사람들의 마음을 움직였습니다.

2. 예상외로 많은 사람들이 바울과 바나바에게 몰리자 유대인들이 이 무리를 보고 시기하며 분노하게 되었습니다. 그러한 가장 큰 이유는 무엇입니까?

_____

_____

Tip 그동안 자기들에게 쏠렸던 군중의 관심이 갑자기 나타난 바울과 바나바에게 집중되자 자기들의 위치가 약화되는 것을 염려하면서 시기가 생겼습니다.

3. 복음의 역사를 유대인이 거부함으로 그리스도를 통하여 이방인에게 복음이 전파되었는데, 이에 대해 유대인들은 거리낌을 나타냈습니다. 그 이유는 무엇입니까?(누가복음 2:29~32의 시므온의 찬송은 이사야 49:6의 인용입니다.)

_____

_____

Tip 유대인들과 다른 구원관을 말하기 때문입니다. 바울은 예수를 통하여 구원받을 수 있다고 말하지만 유대인들은 율법을 지킴으로 구원을 얻는다고 주장합니다.

4. "영생을 주시기로 작정된 자는 다 믿더라"(48)는 말씀의 의미는 무엇입니까?(참고, 엡 1:4)

_____

_____

Tip 구원은 하나님이 선택한 사람이 받는 것입니다. 구원은 인간의 일이 아닌 하나님의 일이요 전적으로 하나님의 선택 사건입니다.

5. 복음을 받아들이지 않는 사람들에 대해서 복음 전도자는 어떻게 해야 합니까? 복음 전도에는 핍박과 반대가 필연적인데 왜 이런 현상이 일어납니까?(참고, 눅 9:5, 10:11)

_____

_____

Tip 복음을 받아들이지 않자 바울과 바나바는 발에 티끌을 떨어버리고 이고니온으로 갔습니다. 인간적인 노력으로 복음 전도가 되는 것이 아니라 전적인 하나님의 도우심이 있어야 가능합니다. 하나님의 때가 있고 맡겨진 임무가 있습니다. 그 범위에서 복음 사역이 전개되는 것입니다. 억지가 아니라 성령께서 자연스럽게 복음 전도의 문을 여는 것이 중요합니다.

6. 복음 전도에는 당연히 핍박이 일어납니다. 외부적인 것보다는 내부의 사람들이 더 어렵게 합니다. 그럼에도 박해가 전도의 기쁨을 앗아갈 수 없습니다. 왜 그렇습니까?(참고, 딤후 3:11~12)

_____

_____

Tip 복음을 전하는 제자들은 늘 성령 충만하여 기쁨이 넘쳤습니다. 그것은 결과보다는 하나님이 나에게 맡겨 주신 일을 감사함으로 받을 때 가능한 일입니다. 우리의 목표는 늘 일보다는 주님 자신이 되어야 합니다. 이렇게 되면 실패해도 감사할 수 있습니다.

말씀의
실천

1. 오늘 깨달음과 도전을 주는 말씀은 무엇입니까?

_____

_____

2. 오늘 말씀을 통해 이번 주에 실천해야 할 사항은 무엇인지 삶의 적용을 위한 구체적인 실천계획과 함께 말해 보십시오.

_____

_____

3. 오늘 말씀을 통해 발견한 기도제목은 무엇입니까? 아울러 함께 기도의 시간을 가지십시오.

_____

_____

 내가 깨달은 영적 교훈과 삶의 적용

_____

_____

_____

_____

SCENE 4
복음 전파에 충실한 선교사들

| 성경 본문 | 사도행전 14:1~28

본문은 앞으로 선교의 중심지 역할을 할 이고니온에서의 사역을 기록하고 있습니다. 특히 바울과 바나바가 루스드라에서 앉은뱅이를 일으킨 사건 때문에 그들은 신으로 오해되어 어려움을 당할 뻔했습니다. 그러나 바울은 오히려이 사건을 역전시켜 하나님에게 관심을 갖는 기회를 제공합니다. 하나님에 대한 지식이 없던 사람들에게 하나님에 대한 바른 인식을 심어주고 효과적인 전도를 하게 됩니다. 바울은 제1차 전도 여행을 마무리하면서 안디옥 교회로 귀환합니다. 돌아오는 길에 자기가 개척한 교회를 돌아보고 권면하면서 신앙을 다지는 모습을 보이는데 이는 양육의 좋은 모델이 됩니다.

**말씀의
살핌**

1. 바울과 바나바는 제1차 선교 여행 지역인 이고니온에서 말씀을 전했습니다. 하나님은 어떻게 이들에게 복음의 역사가 나타나도록 도와주셨습니까?(1, 3)

_____

_____

2. 바울과 바나바가 복음을 전하자 사람들은 두 가지 반응을 보였습니다. 그 두 가지 반응에 대해서 말해 보십시오.(2~4)

_____

_____

3. 바나바와 바울은 돌로 치려는 핍박을 피하여 어디로 가서 복음을 전했습니까?(5~7)

_____

_____

4. 루스드라에서 일어난 기적의 역사를 말해 보십시오.(8~10)

_____

_____

5. 루스드라에서 행한 바울의 일을 보고 무리와 쓰스(주피터)의 제사장은 어떻게 행동했습니까?(11~13)

_____

_____

6. 사람들이 바나바와 바울을 신으로 섬기며 제사하려고 하자 바나바와 바울은 어떻게 반대했습니까?(14~18)

_____

_____

7. 유대인들이 군중을 설득하여 바울에게 어떤 일을 행했습니까?(19)

_____

_____

8. 바울은 겨우 목숨을 건졌으나 굴하지 않고 계속 복음을 전했습니다. 복음을 전한 지역을 지도를 보면서 말해 보십시오.(20~26)

_____

_____

9. 바울과 바나바는 전도한 지역을 다시 돌아보면서 무엇을 했습니까? 왜 그랬을까요?(21~23)

_____

_____

10. 바울과 바나바가 안디옥 교회에 돌아와서 행한 일은 무엇입니까?(26~28)

_____

_____

말씀의 깨달음

1. 복음을 전하는 곳에는 언제나 두 가지 현상이 나타납니다. 복음을 받아들이는 것과 반대하여 핍박하는 경우가 그것입니다. 왜 이런 현상이 생기는지 말해 보십시오.

_____

_____

Tip 복음 전도는 진리와 비진리의 싸움입니다. 진리를 전하면 두 가지 반응은 필수입니다. 진리가 거하는 사람은 받아들이지만 그렇지 않은 사람은 거부합니다. 진리를 거부하는 일은 어쩌면 당연합니다. 그래서 진리가 더욱 필요합니다.

2. 바울과 바나바는 사람들이 자기를 신으로 섬기며 제사하려는 것을 반대하고 하나님만 드러내는 일을 열심히 했습니다. 이것을 통해 발견되는 바나바와 바울의 영성을 말해 보십시오.

＊쓰스: 그리스신화의 주피터, 제우스 신. 신들의 우두머리.

＊허메: 신들의 사자, 신들의 해석자

_____

_____

Tip 늘 하나님을 먼저 생각하고 하나님의 영광을 드러내는 일에 바울은 관심이 있었습니다. 지도자들에게는 언제나 하나님보다 더 높아지려는 유혹이 있습니다. 선 줄로 생각하면 넘어질까 조심하라는 말씀처럼 모든 것을 이루고 능력이 나타날 때 조심해야 합니다. 늘 겸손함의 영성을 지녀야 합니다.

3. "하나님의 나라에 들어가려면 많은 환란을 겪어야 할 것이다"(22절)라는 말의 의미는 무엇입니까?(참고, 살전 3:13)

_____

_____

Tip 하나님 앞에 서는 그날까지 우리의 몸과 영혼이 거룩하게 보존되어야 합니다. 환란이 그리스도인에게 필요한 것은 우리의 영혼을 깨끗하게 하기 위해서입니다. 고난과 환란이 없으면 우리의 영혼은 부패하고 타락하기 쉽습니다.

4. 복음 전파만으로 부족합니다. 말씀을 가르치고 격려해야 합니다. 선교와 양육은 동전의 양면과 같습니다. 바울과 바나바는 선교지에서 돌아오면서 다시 복음을 전파한 지역을 둘러보고 제자들을 세우는 일을 했습니다. 이렇게 한 이유는 무엇입니까?

_____

Tip 복음은 사람을 통하여 전파됩니다. 복음 사역에서는 사람이 가장 중요합니다. 그런 이유로 바울은 사람을 세우고 양육하는 일에 최선을 다했고 거기에 사역의 목표를 두었습니다. 제자 삼은 일은 예수님이 명하신 마지막 명령입니다.

5. 바울과 바나바는 안디옥 교회에 돌아와서 선교 보고를 했습니다. 이것이 주는 의미는 무엇입니까?

_____

Tip 선교 사역을 보고하는 것은 하나님이 인도하신 것에 대한 또 다른 전도입니다. 안디옥 모교회를 통하여 하나님의 선교를 품게 하고 계속 사명을 감당하라는 의미가 들어 있습니다.

6. 바울은 선교 여행을 할 때 다음의 세 가지 원리를 따랐습니다. 첫째, 주요 도시에서 일했고, 둘째, 지교회를 설립했으며, 셋째, 제자를 만들어 스스로 일하는 방법을 가르쳤습니다. 이것을 오늘날 우리의 선교와 목회에 어떻게 적용해야 할까요?

_____

Tip 복음은 산에서 전해질 수 없습니다. 복음은 사람들이 모인 곳에 필요합니다. 그런 이유로 대도시가 필요합니다. 교회를 세우면서 제자를 만드는 것은 제자가 곧 교회의 핵심이기 때문입니다. 제자를 삼는 교회가 되어야 하는 것은 교회는 건물이 아닌 사람이기 때문입니다.

말씀의 실천

1. 오늘 깨달음과 도전을 주는 말씀은 무엇입니까?

_____

_____

2. 오늘 말씀을 통해 이번 주에 실천해야 할 사항은 무엇인지 삶의 적용을 위한 구체적인 실천계획과 함께 말해 보십시오.

_____

_____

3. 오늘 말씀을 통해 발견한 기도제목은 무엇입니까? 아울러 함께 기도의 시간을 가지십시오.

_____

_____

 내가 깨달은 영적 교훈과 삶의 적용

_____

_____

_____

_____

안디옥 교회의 내부 충돌

| 성경 본문 | 사도행전 15:1~5

사도행전 15장은 교회의 최초 회의인 예루살렘 총회의 모습을 그리고 있습니다. 바울의 1차 선교 여행과 2차 선교 여행의 중간 격으로 선교에 중요한 영향을 끼치고 있는 회의입니다. 예루살렘 총회는 예루살렘과 안디옥, 이방과 유대인, 율법과 복음의 중대한 대결을 정리하는 회의로 바울의 선교에서 대단히 중요한 위치를 차지하고 있습니다. '오직 믿음'이란 교리의 기틀을 세우고 나중에 로마서나 갈라디아서를 통해 이 문제가 더 확고한 체계를 이루는 근간이 됩니다.

말씀의
살핌

1. 유대로부터 온 사람들이 형제들에게 무엇을 잘못 가르쳤습니까?(1)

_____

_____

_____

2. 이들과 바울과 바나바 사이에 어떤 문제가 발생했습니까? 그것으로 인해 안디옥 교회가 결정한 사항은 무엇입니까?(2)

_____

_____

_____

3. 바울과 바나바가 예루살렘에 가서 행한 일을 말해 보십시오.(3~4)

_____

_____

_____

4. 바리새인 중에 몇 사람이 제시한 반대 의견은 무엇입니까?(5)

_____

_____

_____

말씀의
깨달음

1. 교회는 진리의 터이기 때문에 우리 신앙과 교회 속에 잘못된 가르침이 침투하는 것을 조심해야 합니다. 이것의 위험성은 무엇입니까?

Tip 교회의 가장 중요한 사명은 사람을 진리의 터로 무장하는 일입니다. 교회는 진리입니다. 진리가 사라진 교회는 더 이상 존재 의미가 없습니다. 사람이 아닌 말씀이신 진리가 교회를 이끌어 가야 합니다. 그렇지 않으면 명목상 교회일 뿐 비진리가 중심이 되는 교회가 될 수 있습니다.

2. 복음을 받아들여 새 사람을 덧입는 것은 순간적이지만 옛사람을 완전히 벗어버리는 데는 많은 시간과 노력이 필요합니다. 바리새인들은 율법주의(행위 강조)에서 벗어나지 못했는데, 율법주의의 문제점에 대해 말해 보십시오. 아울러 오늘날 우리(교회) 안에 있는 율법주의를 찾아서 말해 보십시오.

Tip 율법주의는 인간의 노력으로 하는 것을 의미합니다. 하나님을 의지하지만 자기의 법칙에 따라 무엇을 이루려는 행위입니다. 율법주의는 자기의 노력을 강조합니다. 여기에는 하나님보다 인간이 더 높아지는 위험이 있습니다. 현재 우리들 속에서도 율법주의의 영향은 많습니다. 성공적인 결과를 통하여 사람의 의를 드러내는 곳에는 율법주의가 중심을 이루고 있습니다.

말씀의 실천

1. 오늘 깨달음과 도전을 주는 말씀은 무엇입니까?

_____

_____

2. 오늘 말씀을 통해 이번 주에 실천해야 할 사항은 무엇인지 삶의 적용을 위한 구체적인 실천계획과 함께 말해 보십시오.

_____

_____

3. 오늘 말씀을 통해 발견한 기도제목은 무엇입니까? 아울러 함께 기도의 시간을 가지십시오.

_____

_____

 내가 깨달은 영적 교훈과 삶의 적용

_____

_____

_____

_____

최초의 총회인 예루살렘 회의

| 성경 본문 | 사도행전 15:6~35

교회의 첫 번째 총회인 예루살렘 회의의 회원은 교회였고, 의장은 야고보였으며, 토론자는 베드로와 야고보였고, 보고자는 바울과 바나바였습니다. 선교지에서 발생한 중요한 문제를 교회 전체 회의를 통하여 해결하는 지혜를 볼 수 있습니다. 개인이나 몇 사람의 의견이 아닌 공동체를 통하여 역사하시는 성령의 교통하심과 인도하심을 느낄 수 있습니다.

초대교회 중심 인물 베드로의 발언

1. 사도와 장로들이 모인 이유는 무엇이며, 그들은 회의를 하기 전에 무엇을 했습니까?(6~7)

_____

_____

2. 교회의 최고 원로인 베드로는 유대교에서 상징적인 위치에 있는 사람입니다. 베드로가 발언한 내용을 말해 보십시오(7~11). 아울러 베드로를 첫 번째 발언자로 정한 이유는 무엇입니까?

_____

_____

선교사 바나바와 바울의 상황 보고

3. 바나바와 바울은 사람들에게 무엇을 보고했습니까?(12)

_____

_____

의장 야고보의 발언

4. 야고보는 시몬(베드로)의 말을 정리하면서 베드로의 말이 구약의 예언자들의 말과 일치됨을 성경을 인용하면서 말했는데, 그 내용을 정리해 보십시오.(13~18)(참고, 암 9:11~12)

_____

_____

5. 야고보의 의견은 무엇입니까?(19) 야고보가 덧붙여 제안한 내용은 무엇입니까?(20)

_____

_____

예루살렘 회의 결의

6. 회의에서 의결된 내용을 안디옥에 전하기 위해 발탁된 사람들은 누구입니까?(22)

_____

_____

7. 예루살렘 교회가 회의 결과를 토대로 안디옥 교회에 보낸 편지의 내용을 정리하여 말해 보십시오.(23~29)

_____

_____

8. 예루살렘 회의에서 택하여 세운 바나바와 바울에 대한 교회의 평가를 말해 보십시오.(25~26)

_____

_____

9. 바울과 함께 파송받은 유다와 실라의 임무는 무엇입니까?(27)

_____

_____

이방인들에게 대표단 파견

10. 안디옥 교회는 편지와 파송받은 사람들을 대할 때 어떤 반응을 보였습니까?(30~32)

_____

_____

11. 유다와 실라, 바울과 바나바는 일을 마치고 어떻게 했습니까?(33~35)

_____

_____

1. 야고보는 왜 우상의 제물과 피와 목매어 죽인 것과 음행에 대한 문제를 단서로 제시했습니까? 이것은 나중에 어떻게 적용되었습니까?(참고, 고전 8:1~13, 10:23~33)

_____

Tip 구원은 믿음으로 받지만 생활에서 덕을 세우는 건덕은 그리스도인의 삶에 중요한 위치를 차지합니다. 야고보는 구원의 문제보다는 구원 받은 사람이 어떤 삶을 살아야 하는지 제시하면서 절충안을 내놓았습니다. 믿음과 생활은 분리될 수 없는 것으로 동전의 양면과 같습니다.

2. 예루살렘 총회를 통하여 느낀 영적 교훈은 무엇입니까?

_____

_____

Tip 예루살렘 교회는 해결하기 어려운 교회 문제를 총회를 통하여 풀어나가고자 했습니다. 이렇게 하나님의 뜻을 발견하는 지혜는 오늘도 그대로 적용됩니다. 이것을 해결하기 위해 베드로나 야고보 같은 성경에 근거한 지도자들이 총회에 필요합니다. 회의할 때는 정치적으로가 아니라 하나님의 말씀에 합당한지를 살피면서 문제를 해결해야합니다.

3. 현대의 교회 회의와 예루살렘 총회가 다른 점은 무엇입니까? 또한 특별히 도전 받은 점과 현대의 교회 회의(노회와 총회)가 새롭게 달라져야 할 점을 말해 보십시오.

_____

_____

Tip 예루살렘 회의는 서로의 의견이 오가는 쌍방형의 회의였습니다. 그리고 성경에 충실한 회의였으며 충분히 의견개진을 하여 의사결정을 했습니다. 이 점이 우리와 다릅니다. 다양한 의견 속에서 해결점을 찾아가는 일은 하루아침에 되지 않습니다. 이것은 많은 훈련을 통해서 가능합니다.

4. 영적 지도자인 베드로, 야고보와 현장 사역자인 바울, 바나바가 함께 모인 총회 회의에서 본받아야 할 점은 무엇입니까? 이것이 우리에게 주는 의미는 무엇입니까?

_____

_____

Tip 상대방의 의견을 모두 청취한 뒤에 제3안을 만들어 내는 점이 특별합니다. 우리도 이런 창의적인 회의를 해야 합니다. 양자를 만족시키는 대안들을 총회에서 만들어 낸다면 얼마나 좋을까요?

말씀의 실천

1. 오늘 깨달음과 도전을 주는 말씀은 무엇입니까?

_____

_____

2. 오늘 말씀을 통해 이번 주에 실천해야 할 사항은 무엇인지 삶의 적용을 위한 구체적인 실천계획과 함께 말해 보십시오.

_____

_____

3. 오늘 말씀을 통해 발견한 기도제목은 무엇입니까? 아울러 함께 기도의 시간을 가지십시오.

_____

_____

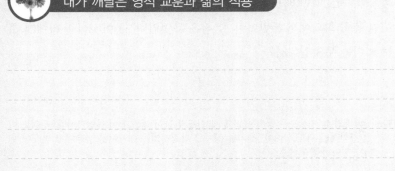

내가 깨달은 영적 교훈과 삶의 적용

_____

_____

_____

_____

바울과 바나바의 다툼

| 성경 본문 | 사도행전 15:36~41

제2차 여행을 시작하기 전에 바울과 바나바는 의견이 달라 결국 다른 길로 가게 됩니다. 1차 선교 여행 도중에 돌아간 마가의 동반 여부로 바울과 바나바 사이에 의견 다툼이 생깁니다. 제1차 선교 여행은 바나바에서 출발하여 바울 중심으로 바뀌었으나 제2차 여행에서 바울은 완전히 독립하여 선교 여행을 합니다. 그리고 바나바도 바울과 다른 자기의 선교 방법을 찾게 됩니다. 이것은 하나님의 섭리에서 보면 복음의 확장을 위한 계기가 되었습니다. 바울과 바나바의 다툼은 인간적인 면에서 볼 때는 부족한 모습이지만 하나님은 그것까지 하나님의 뜻을 이루는 데 선하게 사용하십니다.

말씀의
살핌

1. 바울과 바나바의 다음 선교 계획은 무엇입니까?(36)

_____

_____

2. 함께 팀으로 사역하던 바울과 바나바는 선교 사역의 일을 놓고 서로
다른 의견을 보이고 있는데 그것은 무엇입니까?(37~38)

_____

_____

3. 결국 바울과 바나바는 다투어 갈라서게 되었는데 서로 어떻게 결론
을 맺었는지 말해 보십시오.(39~41)

_____

_____

말씀의
깨달음

1. 바울과 바나바는 팀 사역을 했습니다. 팀 사역의 중요성과 어려움을
말해 보십시오.

_____

Tip 복음 사역은 동역을 통해서 이루어집니다. 혼자 할 수 없습니다. 그리스도인은 이미
하나님의 동역자입니다. 또 주변의 많은 사람들과 동역하면서 하나님의 나라를 건설
하는 것이 효과적입니다. 팀 사역이 어려운 것은 인간의 교만이 합력하는 것을 방해
하기 때문입니다. 늘 이것이 갈등의 요인이 됩니다.

2. 하나님의 일을 하면서 의견이 서로 다를 때 우리는 어떻게 해야 합니까?

_____

_____

Tip 사람은 각자 다르게 태어났기에 생각과 가치관이 다릅니다. 그렇기에 갈등이 있는 것은 당연합니다. 그때마다 억지로 해결하지 말고 자연스럽게 물이 흘러가듯이 해결해야 합니다. 또한 다툼이 있을 때는 각자의 길을 가는 것이 좋습니다. 아브라함과 롯은 종들의 다툼으로 갈등 상황에 놓여 있었습니다. 그때 아브라함이 기득권을 먼저 포기함으로써 쉽게 문제가 풀렸습니다. 그 결과 더 좋은 복을 아브라함이 받았습니다.

말씀의 실천

1. 오늘 깨달음과 도전을 주는 말씀은 무엇입니까?

_____

_____

2. 오늘 말씀을 통해 이번 주에 실천해야 할 사항은 무엇인지 삶의 적용을 위한 구체적인 실천계획과 함께 말해 보십시오.

_____

_____

3. 오늘 말씀을 통해 발견한 기도제목은 무엇입니까? 아울러 함께 기도의 시간을 가지십시오.

_____

_____

SCENE 8

소아시아 전도
(제2차 선교 여행)

| 성경 본문 | 사도행전 16:1~10

본 장부터 바울의 제2차 선교 여행 기록이 나옵니다. 3년에(A.D 50~52) 걸친 2차 선교 여행에서 바울은 디모데를 만나 제자로 삼습니다. 2차 선교 여행은 소아시아 전도로서, 육로로 더베와 루스드라와 드로아에 이르게 됩니다. 이곳은 앞서 전도한 곳으로 바울은 교회들을 순방하고 있습니다. 드로아에서 주님의 환상을 보고 바다를 건너 유럽으로 향한 것은 특기할 만합니다. 바울이 아시아에서 복음을 전하려 했지만 하나님은 마게도냐로 선교 여행의 진로를 바꾸셨습니다. 이것은 결국 역사상 기독교가 유럽을 향한 선교의 시작이라는 점에서 중요한 의미가 있습니다.

말씀의 살핌

1. 바울이 더베와 루스드라에서 만난 사람은 누구인지 말해 보십시오. (1~2)

_____

_____

2. 바울은 디모데에게 무엇을 행하게 했으며, 그 이유는 무엇입니까? (3~4)

_____

_____

3. 이때 바울이 세운 교회에서 어떤 일이 일어났습니까? (5)

_____

_____

4. 성령께서는 바울의 선교 방향을 어떻게 수정해 주셨습니까? (6~10)

_____

_____

5. 바울이 아시아로 가지 않고 마게도냐로 선교의 방향을 바꾼 여정을 지도를 따라 정리해 보십시오. (6~10)

_____

_____

말씀의
깨달음

1. 바울은 언제나 혼자 사역하지 않고 팀 사역을 했습니다. 1차 선교 여행의 팀 사역자였던 바나바와 헤어진 후에 하나님은 다른 동역자를 연결해 주셨습니다. 실라와 디모데, 누가와 바울 등 네 명의 동역자가 2차 선교 여행을 하게 됩니다. 하나님의 일을 혼자 하는 것보다 동사목회와 팀 사역으로 하는 것이 유리한 점은 무엇입니까? 우리나라에서 팀 사역이 어려운 이유를 말해 보십시오.

Tip 바울의 선교 사역은 팀 사역이었습니다. 바울은 다양한 사람들과 함께 팀 사역을 했습니다. 팀 사역의 유익한 점은 자신의 부족한 점을 동역자들이 채워 주면서 궁극적으로는 하나님의 나라를 건설한다는 것입니다. 혼자보다는 다른 이와 합력함으로써 더욱 겸손할 수 있고 인간이 아닌 하나님의 이름을 높일 수 있습니다.

2. 할례가 구원의 조건이 될 수 없다는 것은 이미 예루살렘 총회에서 결정되었습니다. 그럼에도 바울이 디모데에게 할례를 행하게 한 이유는 무엇입니까? 이것은 오늘 효과적인 복음 사역을 위해서 어떤 의미가 있습니까?

Tip 할례는 구원의 조건이 되지 않습니다. 할례를 행하지 않을 수 있습니다. 그럼에도 바울이 디모데의 할례를 허락한 것은 유대인들에게 걸림돌이 되지 않고 부수적인 문제에 매이지 않기 위해 미리 장애물을 제거한 지혜로운 행동이라 볼 수 있습니다. 문제의 소지가 있는 것을 복음을 위해서 미리 해결하는 것은 현명한 자세입니다.

3. 복음 사역은 인간이 하는 것이 아니라 성령께서 인도하는 대로 해야 합니다. 마게도냐는 유럽 선교의 제일 지대입니다. 성령이 아시아가 아닌 유럽으로 선교의 방향을 바꾸게 한 것을 통해 발견되는 영적 교훈을 말해 보십시오.

Tip 바울의 목적지는 아시아였지만 성령은 바울을 유럽으로 가게 했습니다. 하나님은 인간의 생각을 뛰어넘으십니다. 합력하여 선을 이루시는 하나님의 모습을 바라보면서 사역자는 하나님의 인도하심에 민감해야 합니다. 우리는 한치 앞의 미래도 알 수 없기에 하나님을 더욱 의지해야 하는 연약한 존재입니다.

말씀의 실천

1. 오늘 깨달음과 도전을 주는 말씀은 무엇입니까?

---

2. 오늘 말씀을 통해 이번 주에 실천해야 할 사항은 무엇인지 삶의 적용을 위한 구체적인 실천계획과 함께 말해 보십시오.

---

3. 오늘 말씀을 통해 발견한 기도제목은 무엇입니까? 아울러 함께 기도의 시간을 가지십시오.

_____

_____

내가 깨달은 영적 교훈과 삶의 적용

SCENE 9

유럽 선교

| 성경 본문 | 사도행전 16:11~23

바울은 드로아에서 본 환상의 지시대로 마게도냐로 건너
갑니다. 마게도냐(유럽)에서는 빌립보에 가장 먼저 복음
이 전파되었는데 그곳에서 루디아가 믿음을 갖습니다. 빌
립보에서의 첫 열매는 자색 옷감 장수인 신앙이 좋은 루
디아였습니다. 빌립보 교회는 루디아라는 여자의 헌신으
로 시작된 조그마한 교회였습니다. 그러나 나중에는 옥에
갇힌 바울에게 헌금을 보내줄 정도로 성장했습니다. 이곳
에서 바울은 기도처로 갔다가 점치는 여자를 고쳤는데 이
것으로 인해 고난을 당하게 됩니다. 점치는 여자가 고침
을 받자 그 주인들은 바울을 송사하여 바울을 투옥하고
옥고를 치르게 합니다. 복음 전도자에게 닥치는 고난을
엿볼 수 있습니다.

말씀의
살핌

1. 바울이 유럽 선교를 어떻게 시작했는지 지도에서 여정을 확인해 보십시오.(11~12)

_____

_____

2. 빌립보 성에서 바울은 어디를 찾아갔으며, 그곳에서 어떤 평신도 동역자를 만났습니까?(13~14)

_____

_____

3. 루디아는 어떤 사람이며, 그는 바울에게 무엇을 요청했습니까?(14~15)

_____

_____

4. 바울은 기도하는 곳에 가다가 어떤 일을 겪었습니까?(16~18)

_____

_____

5. 바울과 실라는 귀신을 쫓아냈지만 결과적으로 더 어려움을 당하게 되었습니다. 어떤 일인지 말해 보십시오.(19~23)

_____

_____

말씀의
깨달음

1. 바울은 이미 전도한 유대인들이나 세워진 회당을 중심으로 선교했습니다. 유럽 선교의 첫 도시인 빌립보 성에는 이미 신자들이 있었습니다. 바울이 회당이 아닌 기도처에 간 이유는 무엇입니까?(참고, 행 13:5, 14)

_____

_____

Tip 빌립보에 회당이 없다는 것은 아직 유대인이 활발하게 사역하지 않은 곳이라는 증거입니다. 유대인은 남자 10명만(가족) 되면 회당을 세우는데, 이런 면에서 남자들이 부족하지 않았나 생각됩니다. 그리고 해변가에서 기도하는 여자들을 만납니다. 그것이 빌립보 교회 모습입니다.

2. 바울은 부유한 여인인 루디아와 귀신들린 천한 여자를 만났습니다. 서로 다른 각각의 만남이 어떤 교훈을 주는지 말해 보십시오. 아울러 루디아의 위대한 점을 말해 보십시오.

_____

_____

Tip 모두에게 복음이 필요합니다. 복음을 통해 귀신들린 한 여자는 고침을 받고 자주 장수인 한 여자는 복음의 사람이 되었습니다. 복음은 사람을 변화시키는 능력이 있습니다.

3. 바울이 여자에게서 귀신을 쫓아냄으로 애매한 고난을 당했습니다. 이를 통해 거짓된 선지자나 악한 사이비 종교가 모두 어떤 특징이 있음을 알 수 있습니까?

_____

_____

Tip 거짓된 종교는 신앙을 자기 유익의 도구로 삼는 특징이 있습니다. 귀신들린 것을 자기의 유익을 구하는 도구로 사용하다가 귀신이 나가니까 자기들의 유익이 사라지는 것을 보고 바울을 핍박합니다. 자기 유익의 관점에서 신앙을 가지면 우리의 신앙도 언제나 이런 문제가 생길 수 있습니다.

말씀의 실천

1. 오늘 깨달음과 도전을 주는 말씀은 무엇입니까?

---

2. 오늘 말씀을 통해 이번 주에 실천해야 할 사항은 무엇인지 삶의 적용을 위한 구체적인 실천계획과 함께 말해 보십시오.

---

3. 오늘 말씀을 통해 발견한 기도제목은 무엇입니까? 아울러 함께 기도의 시간을 가지십시오.

 내가 깨달은 영적 교훈과 삶의 적용

빌립보 감옥에서 생긴 일

| 성경 본문 | 사도행전 16:24~40

애매하게 감옥에 갇힌 바울과 실라는 하나님의 기적을 통하여 탈출하게 됩니다. 이 과정에서 간수와 그 가족이 구원을 받습니다. 주님의 일을 하는 사람은 임마누엘 하나님의 보호하심을 체험합니다. 로마의 시민임을 내세워 바울은 석방됩니다. 로마의 시민권은 공개재판을 받을 권리를 포함한 여러 가지 특권을 보장해 주었습니다. 로마 시민을 채찍질하는 것은 법으로 금지되었기에 바울과 실라의 권리는 이미 침해당한 상태였습니다. 결국 바울의 로마 시민권은 교회를 세우고 복음전파에 효과적으로 사용되었습니다.

1. 바울과 실라는 어떻게 감옥에 갇혔으며 무엇을 했습니까?(24~25)

_____

_____

2. 감옥에서 일어난 기적의 사건은 무엇입니까?(26~30)

_____

_____

3. 바울과 실라가 간수에게 전한 복음을 말해 보십시오.(31)

_____

_____

4. 복음을 들은 간수는 어떻게 반응했습니까?(32~34)

_____

_____

5. 날이 샌 후에 달라진 상황을 말해 보십시오.(35~37)

_____

_____

6. 상관들이 왜 바울을 두려워하며 성을 떠나기를 요청했습니까?
(38~40)

_____

_____

말씀의
깨달음

1. 바울은 다양한 상황들을 모두 전도의 기회로 삼아 복음을 전했습니다. 옥문이 열렸지만 바울과 실라는 왜 도망하지 않고 그대로 있었는지 말해 보십시오.

Tip 감옥에 갇힌 것은 죄 때문이 아닌 복음을 위한 것이었습니다. 바울은 그런 이유로 도망하지 않고 오히려 그것을 복음 전도의 기회로 삼았습니다. 우리의 모든 것은 복음 전도를 위한 기회가 되어야 합니다.

2. 복음을 듣고 달라진 간수의 삶을 통해 발견되는 복음의 능력을 말해 보십시오.

Tip 바울과 실라가 도망가지 않는 모습을 통해 실천하는 복음을 볼 수 있습니다. 간수는 이것에 감동을 받았고 바울에게 복음 전도를 요청했습니다. 그리고 바울이 전한 복음을 받아들였습니다. 바울의 전도는 단순한 말이 아닌 행동을 통한 말 전도였습니다. 우리들의 삶이 곧 전도가 되어야 합니다.

3. 바울이 로마 시민권 이야기를 했으면 감옥에 갇히거나 매를 맞지도 않았을 텐데, 왜 처음에 이 사실을 밝히지 않았습니까?

Tip 만약 바울이 감옥에 갇히지 않았다면 간수를 전도할 수 없었을 것입니다. 바울은 로마 시민권이라는 특권을 자기의 유익이 아닌 복음을 위해서 사용했습니다. 그는, 가장 좋은 때를 위하여 섣불리 사용하지 않았습니다.

말씀의
실천

1. 오늘 깨달음과 도전을 주는 말씀은 무엇입니까?

_____

_____

2. 오늘 말씀을 통해 이번 주에 실천해야 할 사항은 무엇인지 삶의 적용
을 위한 구체적인 실천계획과 함께 말해 보십시오.

_____

_____

3. 오늘 말씀을 통해 발견한 기도제목은 무엇입니까? 아울러 함께 기도
의 시간을 가지십시오.

_____

_____

내가 깨달은 영적 교훈과 삶의 적용

_____

_____

_____

_____

SCENE 11

데살로니가와
베뢰아 전도

| 성경 본문 | 사도행전 17:1~15

바울은 2차 선교 여행을 하면서 데살로니가와 베뢰아, 아덴 세 도시에 들어갑니다. 세 도시는 바울이 전한 복음에 대해 각각 다른 반응을 보였습니다. 데살로니가는 마게도냐의 수도로서 교통이 발달되었습니다. 때문에 유럽에 복음을 전하기가 용이했습니다. 그럼에도 데살로니가에서 전도하기가 쉽지 않았고 결국 바울은 베뢰아로 피하여 전도하게 됩니다. 베뢰아 사람들은 바울에게 관용의 태도를 보였습니다. 바울은 효과적인 전도를 했지만 데살로니가에서 반대하던 사람들은 베뢰아까지 달려와 바울을 핍박하여 결국 바울은 아덴으로 향하게 됩니다.

말씀의
살핌

데살로니가—말씀을 반대함

1. 바울이 2차 선교 여행지인 데살로니가 도시에 들어가서 한 일은 무엇입니까?(1~3)

2. 복음을 듣고 거기에 모인 사람들은 어떤 반응을 보였습니까?(4)

3. 유대인들은 복음을 듣고 오히려 바울을 반대하며 핍박했는데, 그 상황을 말해 보십시오.(5~8)

4. 어려움을 당한 바울을 도와준 사람은 누구입니까?(9)

베뢰아—말씀을 받음

5. 밤이 되자 신자들은 바울과 실라를 어디로 보냈습니까? 그곳에 도착한 바울과 실라는 어디에 갔습니까?(10)

6. 베뢰아 사람들은 다른 도시의 사람들과 달리 말씀을 어떻게 받아들였습니까?(11~12)

_____

_____

7. 데살로니가 도시와 마찬가지로 유대인들은 베뢰아에서 어떤 반응을 보였습니까?(13)

_____

_____

8. 형제들은 사람들의 반대를 피하여 바울을 어디로 보냈습니까?(14~15)

_____

_____

말씀의
깨달음

1. 왜 바울은 도시를 다닐 때마다 유대인 회당을 제일 먼저 찾아가서 복음을 전했습니까?

_____

Tip 바울의 전도는 언제나 회당 중심으로 이루어졌습니다. 이것은 이전의 복음을 인정하고 바울의 사역이 이전 사람의 수고 위에 세워졌다는 것을 잊지 않기 위해서입니다. 율법을 점차 완성해 나간다는 의식은 복음 사역자들이 가져야 할 자세입니다. 율법을 폐하러 온 것이 아니라 율법을 완성하러 오셨다는 주님의 모습을 닮아야 합니다.

2. 복음을 들은 사람들은 지역에 따라 다양하게 반응합니다. 이것을 통해 발견되는 복음 전도의 교훈과 전도자의 자세를 말해 보십시오.

_____

_____

Tip 복음을 듣는 사람마다 다른 반응을 보였습니다. 이것은 복음 전도할 때 똑같은 방식이 아닌 다양한 방법으로 전도해야 함을 의미합니다. 눈높이에 맞게 각 사람의 인격과 상황에 따른 전도가 되어야 합니다. 이것을 위해서 다양한 경험과 훈련과 노력이 필요합니다.

3. 베뢰아 교인들은 누구보다 말씀에 대해 좋은 자세를 갖고 있었습니다. 구체적으로 어떤 것이며 오늘날 말씀생활에서 우리에게 도전을 주는 점은 무엇인지 말해 보십시오.

_____

_____

Tip 베뢰아 교인들은 신사적으로 말씀을 대했습니다. 말씀이 은혜가 되기 위해서는 전하는 자도 중요하지만 듣는 사람의 자세도 중요합니다. 마음을 열고 말씀 속으로 들어가는 자세를 가진 사람에게는 말씀의 역사가 놀랍게 나타납니다. 말씀을 듣기 위해서는 먼저 마음의 자세가 겸손해야 합니다.

말씀의
실천

1. 오늘 깨달음과 도전을 주는 말씀은 무엇입니까?

_____

_____

2. 오늘 말씀을 통해 이번 주에 실천해야 할 사항은 무엇인지 삶의 적용을 위한 구체적인 실천계획과 함께 말해 보십시오.

_____

_____

3. 오늘 말씀을 통해 발견한 기도제목은 무엇입니까? 아울러 함께 기도의 시간을 가지십시오.

_____

_____

내가 깨달은 영적 교훈과 삶의 적용

- -

- -

- -

- -

- -

- -

- -

SCENE 12
아덴에서의 전도

| 성경 본문 | 사도행전 17:16~34

아덴은 헬라의 수도로서 헬라문화의 중심지입니다. 바울은 아덴에서 유대인과 헬라인을 상대로 전도하고 아레오바고에서 강연을 합니다. 아덴에서의 전도는 바울의 전도계획에 포함되지 않은 즉흥적인 전도로 여겨집니다. 바울은 실라와 디모데를 기다리다가 도시에 우상이 많은 것을 보고 전도를 합니다. 나름대로 그들의 문화를 생각하면서 철학적인 설교를 시도하지만 대부분은 복음을 거부하고 소수만 믿게 되었습니다. 초등학문과 철학의 중심지인 아덴은 복음을 받아들이기에 힘든 지역이었고 그 효과도 신통치 않았습니다. 철학적인 설교가 잘 먹히지 않은 사실에 충격을 받은 바울은 후에 고린도에서는 십자가의 도외에는 알지 않기로 하고 오직 그리스도의 십자가만 전하게 됩니다(고전 2:2).

아덴-말씀을 비웃음

1. 바울이 간 아덴(아테네)은 어떤 곳입니까?(16)

_____

_____

2. 바울이 아덴에서 복음을 어떻게 전했는지 말해 보십시오.(17)

_____

_____

3. 바울은 아덴에서 반대에 부딪혔습니다. 아덴의 두 주류의 철학파가 바울을 반대하는 이유는 무엇입니까?(18)

_____

_____

4. 바울을 아레오바고라는 공식법정에 데리고 가면서 그들은 아덴의 상황에 대해 어떻게 말했습니까?(19~21)

_____

_____

5. 바울이 아레오바고에서 설교한 내용을 정리해 보십시오. (22~31)

1) 효과적인 서론 접근(22~23절)

_____

2) 하나님은 이 세상을 창조하신 분이다. (24~25절)

3) 하나님은 만물을 통치하신 분이다. (26~29절)

4) 하나님은 인간을 구원하신 분이다. (30절)

5) 하나님은 심판하시는 분이다. (31절)

6. 바울의 설교를 듣고 모인 사람들의 반응을 말해 보십시오. (32~33)

7. 아덴에서 전한 바울의 복음 전도의 결과를 말해 보십시오. (34)

말씀의
깨달음

1. 아테네는 철학, 문학, 예술이 발달한 헬라철학의 중심 도시였습니다. 세계 문명의 발상지로 소크라테스와 플라톤의 고향이며 아리스토텔레스와 스토아 학파(물질주의, 운명론, 자연주의, 범신론 바리새인)와 에피쿠로스 학파(쾌락주의, 경험주의, 무신론, 지상이 목표인 사두개인)의 무

대였습니다. 바울이 이 도시에 복음을 전한 영적 의미를 말해 보십시오.

_____

_____

Tip 아테네는 헬라철학의 본산지로 이방 종교와 철학이 모여 있는 곳입니다. 그곳에서
바울은 참 신이신 하나님을 증거합니다. 특히 헬라철학에서 알지 못하는 그것, 곧 신
을 찾는 그들에게 이 세상을 창조하신 참 신을 소개하면서 복음에 접근하고 있습니
다. 만왕의 왕이신 하나님과 참 구원자인 그리스도를 소개하는 내용이 특이합니다.

2. 바울의 설교를 통하여 느낀 점과 이들의 반응에 대해서 발견되는 교
훈을 말해 보십시오. '알지 못하는 신'은 무엇입니까?

_____

_____

Tip 복음을 알지 못하는 어려운 환경에서 복음을 어떻게 전해야 하는가를 가르쳐 주는 모
델을 제시해 줍니다. 특별계시인 성경을 알지 못하는 그들에게 자연계시는 복음을
전하는 통로가 됩니다. 많은 사람들은 아니지만 그들 중에 복음을 듣고 순종한 사람
들이 나온 것은 큰 수확이라 할 수 있습니다. 때를 얻든지 못 얻든지 결과에 상관하지
말고 복음을 전하는 자세가 중요합니다. 나머지는 하나님이 하실 것입니다.

말씀의
실천

1. 오늘 깨달음과 도전을 주는 말씀은 무엇입니까?

_____

_____

2. 오늘 말씀을 통해 이번 주에 실천해야 할 사항은 무엇인지 삶의 적용
을 위한 구체적인 실천계획과 함께 말해 보십시오.

_____

_____

3. 오늘 말씀을 통해 발견한 기도제목은 무엇입니까? 아울러 함께 기도
의 시간을 가지십시오.

_____

_____

내가 깨달은 영적 교훈과 삶의 적용

SCENE 13
고린도에서의 전도

| 성경 본문 | 사도행전 18:1~17

아덴을 떠난 바울은 헬라의 대도시인 고린도에 옵니다. 아덴이 학문과 예술의 도시인 반면 고린도는 상업과 무역의 신흥 도시였습니다. 아굴라 부부를 만남으로 고린도 전도가 시작되었습니다. 바울은 고린도에 1년 반 동안 머물면서 전도했습니다. 많은 신자를 얻게 되었고 고린도 교회가 설립되었습니다. 고린도는 항구도시로 그리스의 중심지였고 부유한 생활을 하는 경제적 요충지였습니다. 그러나 아프로디테(성을 관장하는 여신)의 신전이 세워져 있었으며, 이 신전에는 수만 명의 여사제가 있었기에 밤이 되면 성적 타락이 극심했습니다. 고린도는 부도덕과 사악함이 가득한 도시였고, 인구 60만 명 중에 노예가 40만 명이었습니다.

말씀의 살핌

1. 바울은 아덴을 떠나 어디에 이르렀습니까? 그곳에서 만난 바울의 동역자에 대해 말해 보십시오.(1~3)

_____

_____

2. 안식일마다 바울은 무엇을 행했습니까?(4)

_____

_____

3. 바울은 그동안 헤어졌던 실라와 디모데와 함께 이곳에서 어떤 일을 행했습니까?(5)

_____

_____

4. 바울의 복음 전도를 듣고 고린도에 있는 사람들은 어떤 반응을 보였으며, 그것에 대해 바울은 어떻게 행동했습니까?(6~7)

_____

_____

5. 바울이 고린도에서 일으킨 복음 전도의 결과에 대해 말해 보십시오.(8)

_____

_____

6. 두려워하는 바울에게 성령이 나타나셔서 하신 말씀은 무엇입니까?(9~10) 그 결과 바울은 고린도에서 어떻게 복음 사역을 행했습니까?(11)

_____

_____

7. 아가야 총독 갈리오는 바울을 대적하는 유대인들의 요구를 어떻게 처리했습니까?(12~15)

_____

_____

8. 유대인들은 요구가 뜻대로 받아들여지지 않자 차선책으로 무엇을 행했습니까?(16)

_____

_____

1. 유대인 랍비들은 각자 자기가 자활할 수 있는 기술을 어려서부터 습득했습니다. 바울은 때로 교회의 도움을 받기도 했지만 어릴 때 배운 장막업을 통해 자비량 전도를 했는데, 이것이 오늘날 선교에 주는 의미는 무엇입니까?(참고, 고전 9:14; 고후 11:9)

2. 바울은 아덴에서 전도하는 일이 힘들었기 때문에 마음이 약해져 있었습니다. 도덕적으로 타락한 고린도에서도 역시 복음을 거부했는데, 이런 상태에서 성령의 위로하심이 바울에게 큰 힘이 되었습니다. 복음 전도자가 성령의 음성에 민감해야 하는 이유에 대해 말해 보십시오(참고, 고전 2:1~3). 또한 담대하게 복음을 전하며 힘을 얻을 수 있는 방법에 대해 말해 보십시오(참고, 행 18:5).

3. 복음 전파가 늘 잘 되는 것은 아닙니다. 복음의 결과가 잘 드러나지 않을 때 우리는 어떻게 해야 합니까?

말씀의
실천

1. 오늘 깨달음과 도전을 주는 말씀은 무엇입니까?

_____

_____

2. 오늘 말씀을 통해 이번 주에 실천해야 할 사항은 무엇인지 삶의 적용
을 위한 구체적인 실천계획과 함께 말해 보십시오.

_____

_____

3. 오늘 말씀을 통해 발견한 기도제목은 무엇입니까? 아울러 함께 기도
의 시간을 가지십시오.

_____

_____

내가 깨달은 영적 교훈과 삶의 적용

_____

_____

_____

제자 삼기와 선교

| 성경 본문 | 사도행전 18:18~28

고린도 전도를 끝낸 바울은 에베소를 거쳐 항로로 가이사
랴에 상륙하여 선교의 본부인 안디옥으로 돌아갑니다. 이
것으로 바울의 2차 선교 여행은 끝이 납니다. 일찍이 서원
을 한 일로 겐그레아에서 머리를 깎는 일이 생깁니다. 안
디옥으로 돌아온 후에 바울은 1차 선교 여행에서 결실을
맺었던 비시디아 안디옥과 이고니온 주변 지역을 순회합
니다. 그러면서 그곳에 형성된 교회들을 견고하게 세우는
사역을 수행하게 됩니다. 특히 아볼로는 구약과 율법에
관한 지식은 능통했지만 생명을 주는 진리의 복음에는 무
지했었는데 브리스길라와 아굴라 부부를 만나 복음의 진
수를 깨닫고 초대교회의 핵심 지도자로 변화하게 됩니다.

1. 2차 선교 여행을 마치고 귀향하는 바울의 선교 여행 여정을 말해 보십시오. (18~23)

_____

_____

2. 바울이 여행지를 다니면서 주요 관심사로 삼아 행했던 일은 무엇입니까?(23)

_____

_____

3. 아볼로는 누구입니까? 간단한 이력을 말해 보십시오. (24~25)

_____

_____

4. 회당에서 아볼로에게 말씀을 자세히 가르쳐 제자를 삼은 사람은 누구입니까?(26)

_____

_____

5. 아볼로는 제자훈련을 받은 후에 어떻게 변화되었으며, 그를 변화시킨 중요한 요인은 무엇입니까?(27~28)

_____

_____

말씀의 깨달음

1. 바울은 2차 선교 여행을 마치고 나서 본교회로 돌아왔습니다. 이를 통해 느끼는 영적 교훈은 무엇입니까?

_____

_____

> **Tip** 바울은 선교 여행을 마친 후에는 늘 파송한 안디옥 교회에 돌아와 다시 정리하고 다음 여행을 했습니다. 이것은 여러 가지 의미가 있습니다. 선교 보고를 통하여 하나님에 대한 확신을 분명히 하고 성도와 사역자 자신이 재충전하는 기회가 되었습니다.

2. 바울을 통해 브리스길라와 아굴라가 제자가 되었고, 이들을 통해 아볼로가 말씀으로 새롭게 되며 온전한 제자가 되었습니다. 이를 통해 깨닫는 제자훈련의 과정에 대해 말해 보십시오.

_____

_____

> **Tip** 아볼로는 알렉산드리아에서 온 성경학자와 같은 사람입니다. 그럼에도 지금의 평신도인 브리스길라와 아굴라가 그를 가르쳐 고린도에 보내 선교를 하게 만듭니다. 아무리 학식이 많아도 복음을 알지 못하면 모르는 것이 됩니다. 복음을 알았던 브리스길라와 아굴라는 바울의 제자가 되어 다음 제자를 삼는 열매를 맺었습니다. 우리 역시 자기 혼자만 믿는 것이 아닌 제자를 삼는 사역을 해야 합니다.

3. 복음 전도는 제자를 통하여 더욱 확장해 나갑니다. 바울은 가는 교회마다 믿음을 굳게 세우는 제자 양육에 힘썼습니다. 제자 양육과 선교는 양 날개와 같습니다. 선교와 양육의 상관관계를 말해 보십시오(참고, 마 28:19~20; 딤후 2:2). 균형 잡힌 선교와 양육을 위해 우리가 해야 할 일이 있다면 무엇입니까?

_____

_____

Tip 구원 받은 사람을 양육하는 일은 교회가 감당해야 할 중요한 사명입니다. 이 둘은 서로 하나입니다. 양육 없는 전도가 없고 전도 없는 양육이 없습니다. 양육자를 만들어 계속 전도가 일어나게 해야 합니다. 사람이 사람을 전도합니다. 복음에 사로잡힌 사람이 많은 사람을 구원합니다. 한 사람이라도 소중히 여기면서 최선을 다해야 합니다. 그 한 사람이 나중에 어떤 일을 할지 아무도 모릅니다. 신실한 한 명의 제자를 삼는 것은 곧 수많은 사람을 전도하는 것입니다.

1. 오늘 깨달음과 도전을 주는 말씀은 무엇입니까?

_____

_____

2. 오늘 말씀을 통해 이번 주에 실천해야 할 사항은 무엇인지 삶의 적용을 위한 구체적인 실천계획과 함께 말해 보십시오.

_____

_____

3. 오늘 말씀을 통해 발견한 기도제목은 무엇입니까? 아울러 함께 기도의 시간을 가지십시오.

_____

_____

내가 깨달은 영적 교훈과 삶의 적용

저자 이대희 목사

장로회 신학대학교 신학대학원(M.Div)과 연세대학교 연합신학대학원(Th.M)을 졸업하고
현재 에스라성경대학원대학교 성경학박사(D.Litt) 과정 중이다.
예장총회교육자원부 연구원과 서울장신대학교 신학과 교수를 역임하고 서울 극동방송에
서 "알기 쉬운 성경공부" "기독교 이해" 등의 프로그램을 진행했다. 지난 20여 년 동안 성
서사람 · 성서한국 · 성서교회 · 성서나라의 모토를 가지고 한국적 성경교육과 실천사역
을 위해 집필과 세미나와 강의사역을 하고 있다. 현재 바이블미션(www.bible91.org) 대
표, 꿈을주는교회 담임목사, 독수리기독중고등학교 성경교사, 강남성서신학원 외래교수,
서울장신대 겸임교수로 사역 중이다.
저서로 《30분 성경공부시리즈》《투데이 성경공부시리즈》《아름다운 십대 성경공부시리
즈》《이야기대화식성경연구》《성경통독을 위한 11가지 리딩포인트》《심방설교 이렇게 준
비하라》《예수님은 어떻게 교육했을까?》《1% 가능성을 성공으로 바꾼 사람들》《자녀를
거인으로 우뚝 세우는 침상기도》《하룻밤에 배우는 쉬운 기도》《하나님 이것이 궁금해
요》《크리스천이 꼭 알아야 할 100문 100답》 등 100여 권이 있다.

사도행전 2

초판 1쇄 발행일 | 2007년 12월 30일
초판 2쇄 발행일 | 2010년 9월 15일

지은이 | 이대희
펴낸이 | 박종태
펴낸곳 | 엔크리스토
마케팅 | 정문구, 강한덕
관리부 | 이태경, 신주철, 맹정애, 강지선

출판등록 | 2004년 12월 8일(제2004-116호)
주   소 | 경기도 고양시 일산동구 장항동 568-17
전   화 | (031) 907-0696
팩   스 | (031) 905-3927
이메일 | visionbooks@hanmail.net
공급처 | 비전북 전화 (031) 907-3927 팩스 (031) 905-3927

ISBN 978-89-92027-30-4 04230
       89-89437-85-7 (세트)

값 3,500원

● 잘못된 책은 바꾸어 드립니다.
● 이 교재의 사용 방법, 내용, 훈련, 세미나에 대한 문의는 바이블미션(02-403-0196, 010-2731-
   9078)으로 해주시면 최선을 다해 도와드리겠습니다.

책별 성경연구 시리즈는

▶ 본문을 중심으로 한 귀납적 이야기대화식 성경 공부입니다.

▶ 상황에 따라 다양하게(구역, 가정, 직장, 소그룹, 제자훈련, 캠퍼스, 경건회 및 기도회, 오후예배, 셀그룹, 교회학교 분반학습 등) 적용할 수 있습니다.

▶ 중고등부, 청년대학부, 장년부가 전천후로 모두 사용할 수 있습니다.

▶ 관심 있는 주제를 중심으로 핵심교리와 실제 생활을 조화롭게 구성했습니다.

▶ 4차원의 영성(하나님, 자신, 이웃, 자연)이 총체적으로 연결되어 있으므로 전체적인 신앙의 과정을 한눈으로 균형있게 이해하며 적용하는 데 도움을 줍니다.

▶ 스스로 말씀을 찾아 깊이 생각하고 각자 삶에 적용하게 하면서 말씀의 진미를 체험하여 놀라운 삶의 변화를 이루게 합니다.

▶ 15년여 동안 꾸준히 사랑을 받아 온 한국 교회의 현장에서 검증된 교재입니다.

교재의 사용방법 · 내용 · 지도자 훈련 · 세미나에 대한 문의는

바이블미션

(02-403-0196, 016-731-9078, www.bible91.org)으로 해 주십시오.

교재의 출판과 공급에 대한 것은 엔크리스토

(031-907-0696)로 문의해 주십시오.

기독교 서점 공급처는 비전북(031-907-3927)입니다.

엔크리스토 성경 공부 양육 과정

투데이 성경공부

평생 성경공부할 수 있도록 구성한 시리즈. 주제별로 구성되어 있어 각 교회의 상황에 맞게 커리큘럼을 재구성하여 사용할 수 있다.

101 신앙기초(전 9권 완간) | 201 예수제자(전 9권 완간) | 301 새생활(전 12권 완간)
601 성경개관(전 10권 완간) | 401 · 501 · 701 발간 예정

30분 성경공부

신앙생활의 기초를 다루었으며 신앙의 전체 그림을 그릴 수 있는
2년 과정의 소그룹 성경교재다. 성경공부를 시작할 때 사용하면 효과적이다.

믿음편 | 기초 · 성숙   생활편 | 개인 · 영성 · 교회 · 가정 · 이웃 · 일터 · 사회 · 세계
성경탐구편 | 창조시대 · 족장시대 · 출애굽시대 · 광야시대 · 정복시대/사사시대 · 통일왕국시대 · 분열왕국시대 · 포로시대/포로귀환시대 · 복음서시대1 · 복음서시대2 · 초대교회시대 · 서신서시대

아름다운 십대 성경공부

십대들이 꼭 알아야 할 성경의 핵심내용과 기독교적 가치관, 세계관을 정립하는 데 필요한 핵심주제를 담고 있으며, 3년 과정으로 구성되었다.

101 자기정체성 · 복음만남 · 신앙생활 · 멋진 사춘기 · 예수의 사람(전 5권)
201 가치관 · 믿음뼈대 · 십대생활 · 유혹탈출 · 하나님의 사랑(전 5권)
301 비전과 진로 · 신앙원리 · 생활열매 · 인생수업 · 성령의 사람(전 5권)

책별 성경공부

성경 전체 66권을 각 권별로 자유롭게 선택하여 사용할 수 있는 성경공부.
성경 전체를 체계적으로 연구할 수 있다.

창세기1 · 2 · 3 · 4, 느헤미야, 요한복음1 · 2, 로마서, 에스더, 다니엘, 사도행전1 · 2 · 3
(계속 발간됩니다)

✱지도자를 위한 지침서

- 이야기대화식 성경연구 I 이대희 지음 I 10,000원
- 인도자 지침서(십대 성경공부101시리즈) I 이대희 지음 I 10,000원
- 인도자 지침서(십대 성경공부201시리즈) I 이대희 지음 I 10,000원

이대희 지음/바이블미션 편

성서사람 · 성서교회 · 성서한국 · 성서나라를 꿈꾸는
엔크리스토 성경대학을 소개합니다!

특 징
성경 66권을 쉽고 재미있게, 깊이 있게 배우면서 한국적 토양에 맞는 현장과 삶에 적용하는 한국적 성경전문학교

모집과정(반별로 2시간씩이며 선택 수강 가능)
- 성경주제반: 성경의 중요한 핵심 120개의 주제를 소그룹의 토의와 질문을 통하여 배운다.(투데이성경공부/30분성경공부)
- 성경개관반: 66권의 성경 전체의 맥과 흐름을 일관성 있게 잡아준다.(잘 정리된 그림과 도표와 본문 사용)
- 성경책별반: 66권의 책을 구약과 신약 한 권씩 선정하여 워크숍 중심으로 학기마다 연구한다.(3년 과정)

모집대상
목회자반/ 신학생반/ 평신도반(교사, 부모, 소그룹 양육리더, 구역장, 중직)

시 간
월~목요일(오전 10시 30분~오후 5시 30분/ 개관반 · 책별반 · 주제반)

수업학제
겨울학기 : 12~2월 │ 봄학기 : 3~6월 │ 여름학기 : 7~8월 │ 가을학기 9~11월
(자세한 내용은 홈페이지 참조 요망. 학기마다 사정에 따라 일자가 변경될 수 있음)

수업의 특징
- 이야기대화식 성경연구방법으로 12주(3개월 과정) 진행
- 전달이나 주입식이 아닌 성경 보는 눈을 열어주고 경험하게 하면서 성경의 보화를 스스로 캐는 능력을 터득하게 하는 방법을 지향하며 소그룹 워크숍 형태로 진행

강사 : 이대희 목사와 현직 성서학 교수와 현장 성경전문 강사

장소 : 바이블미션
　　　　서울시 송파구 가락동 96-5(지하철 8호선 가락시장역)

신청 : 개강 1주일 전까지 선착순 접수(담당 : 채금령 연구간사)

문의 : 바이블미션–엔크리스토 성경대학(016-731-9078, 02-403-0196)
　　　　(홈페이지 www.bible91.org)